MENSAJES PARA CREYENTES NUEVOS

15

WATCHMAN NEE

LIBRES DEL PECADO

Living Stream Ministry
Anaheim, California

Primera edición: enero de 1998.

ISBN 0-7363-0094-5

Traducido del inglés
Título original: *Deliverance*
(Spanish Translation)

Publicado por

Living Stream Ministry
1853 W. Ball Road, Anaheim, CA 92804 U.S.A.
P. O. Box 2121, Anaheim, CA 92814 U.S.A.

Impreso en los Estados Unidos de América

98 99 00 01 02 03 / 9 8 7 6 5 4 3 2 1

LIBRES DEL PECADO

Lectura bíblica: Ro. 7:15-8:2

En el mismo momento en que una persona cree en el Señor Jesús es librada del pecado. No obstante, puede ser que ésta no sea la experiencia común de todos los creyentes. Algunos, en lugar de ser librados, persisten en pecar. Son salvos, pertenecen al Señor y poseen vida eterna, pero todavía son asediados por el pecado sin poder servir al Señor como desean.

Para alguien que recién ha creído en el Señor Jesús es una experiencia muy dolorosa ser acosado continuamente por el pecado. La persona a quien Dios ilumina, tiene una conciencia sensible. Es sensible al pecado y tiene una vida que condena el pecado, pero todavía peca. Esto da como resultado frustración y desánimo.

Muchos cristianos tratan de vencer al pecado usando sus propios esfuerzos. Creen que si renuncian al pecado y rechazan sus tentaciones, serán librados. Algunos son conscientes de que el pecado debe ser vencido y luchan constantemente contra éste con la esperanza de vencerlo. Otros piensan que el pecado los ha hecho cautivos y que tienen que emplear todas las fuerzas para librarse de sus ataduras. Pero éstos son pensamientos humanos, no es lo que la Palabra de Dios nos enseña. Ninguno de estos métodos conducen a la victoria. La Palabra de Dios no dice que luchemos contra el pecado con nuestras propias fuerzas, sino que seremos rescatados del pecado, es decir, puestos en libertad. El pecado es un poder que esclaviza al hombre, y la manera de acabar con éste no es destruyéndolo por nosotros mismos, sino permitiendo que el Señor nos libere de él. El pecado está en nosotros y no podemos separarnos de él. El Señor no vence el pecado, sino que nos salva anulando el poder que éste tiene sobre nosotros. El creyente debe conocer el camino correcto que conduce a la liberación del pecado en el mismo instante que cree, sin necesidad de atravesar un camino largo y tortuoso. Podemos tomar el camino a la liberación tan pronto creemos en el Señor Jesús. En Romanos 7 y 8 vemos cómo puede lograrse esto.

I. EL PECADO ES UNA LEY

Romanos 7:15-25 dice: "Porque lo que hago, no lo admito; pues no practico lo que quiero, sino lo que aborrezco, eso hago ... porque el querer el bien está en mí, pero no el hacerlo. Porque no hago el bien que quiero, sino el mal que no quiero, eso practico. Mas si hago lo que no quiero, ya no lo hago yo ... así que yo, queriendo hacer el bien, hallo esta ley: que el mal está conmigo. Porque según el hombre interior, me deleito en la ley de Dios; pero veo otra ley en mis miembros, que está en guerra contra la ley de mi mente, y que me lleva cautivo a la ley del pecado que está en mis miembros ... así que yo mismo con la mente sirvo a la ley de Dios, mas con la carne a la ley del pecado".

En los versículos del 15 al 20, Pablo usa repetidas veces las expresiones *querer* y *no quiero* y hace mucho énfasis en esto; pero, en los versículos del 21 al 25 hace hincapié en la ley. Estos dos asuntos son la clave de este pasaje.

Primeramente necesitamos entender lo que denota la palabra ley. La ley es algo inmutable e invariable; es algo que no da lugar a excepciones. Además, el poder de la ley es natural, no artificial. Todas las leyes del universo tienen poder. Por ejemplo, la gravedad es una ley. Si lanzamos un objeto al aire, inmediatamente se precipita al suelo. No necesitamos tirar el objeto hacia abajo para que esto suceda, ya que la fuerza que ejerce la tierra hace que caiga. Si tira una piedra hacia arriba, ésta cae de nuevo al suelo. Lo mismo sucede si tira una plancha, un plato o cualquier otro objeto, no importa si lo hace en China o en otro país, ni si lo hace hoy o mañana. Cualquier objeto lanzado al aire, mientras nada lo sostenga, cae, independientemente del momento y el lugar. Una ley es una fuerza natural que no necesita el esfuerzo humano para continuar operando.

Romanos 7 nos muestra que Pablo trataba de ser victorioso. El trataba de librarse del pecado por sí mismo porque deseaba agradar a Dios. El no quería pecar ni cometer faltas. No obstante, al final tuvo que admitir que era vano tomar la determinación de hacer el bien. El dijo: "Porque el querer el bien está en mí, pero no el hacerlo". No quería pecar, pero seguía pecando. Quería hacer el bien y andar según la ley de Dios, pero no podía; aunque se lo proponía no lo lograba. Una y otra vez Pablo decidía no pecar, pero no lo conseguía. Esto nos muestra que el camino a la victoria no reside en la voluntad ni en la firmeza del hombre. El deseo está en uno, pero no el hacerlo. Lo máximo que el hombre puede hacer es tomar decisiones.

Debido a que el pecado es una ley, aunque deseamos hacer el bien no podemos. Después del versículo 21, Pablo nos muestra que permanecía en derrota aun después de intentar innumerables veces de hacer el bien. Esto se debe a que el pecado es una ley. La ley del pecado estaba en él y le impedía hacer el bien. En su corazón, él estaba sujeto a la ley de Dios, pero su carne se rendía ante la ley del pecado. Cada vez que quería obedecer la ley de Dios, se levantaba una ley diferente en sus miembros, que lo sujetaba a la ley del pecado.

Pablo fue la primera persona en la Biblia que dijo que el pecado era una ley. Este es un descubrimiento de suprema importancia. Es una lástima que muchos que han sido cristianos por años, aún no se den cuenta de este hecho. Muchos saben que la gravedad es una ley y que la dilatación de los gases con el calor es otra ley, pero no saben que el pecado también es una ley. Pablo no sabía esto al principio, pero después de ser arrastrado constantemente por una potente fuerza en su cuerpo que lo hacía pecar, descubrió que el pecado es una ley.

Nuestra lista de fracasos nos demuestra que cada vez que las tentaciones aparecen y tratamos de resistirlas no tenemos éxito. Muchas veces tratamos de rechazarlas, pero siempre nos derrotan. Fracasar vez tras vez es nuestra historia. Esto no sucede por casualidad; hay una ley detrás del fracaso. Si en toda nuestra vida sólo pecáramos una vez, esto podría considerarse un percance imprevisto. Sin embargo, para aquellos que han pecado millares de veces, el pecado es una ley que continuamente los empuja a obrar mal.

II. LA VOLUNTAD DEL HOMBRE NO PUEDE VENCER LA LEY DEL PECADO

El fracaso que experimentaba Pablo se debía a que se valía de su voluntad para hacer el bien. Después del versículo 21 los ojos de Pablo se abrieron, y pudo ver que el enemigo con el que se enfrentaba, el pecado, era una ley. Cuando vio esto, suspiró y dijo: "¡Miserable de mí! ¿quién me librará del cuerpo de esta muerte?" El comprendió que era imposible prevalecer sobre el pecado usando su voluntad.

¿Qué es la voluntad? Es lo que nos hace actuar; es lo que el hombre quiere y decide hacer; y está constituida de las opiniones y juicios humanos. Una vez que la voluntad del hombre se propone hacer algo, lo lleva a cabo. La voluntad del hombre tiene cierto poder; existe fuerza en la voluntad.

Pero ahí yace el problema. Cuando la voluntad entra en conflicto con la ley del pecado, ¿cuál de las dos prevalece? Por lo general, la voluntad prevalece al principio, pero finalmente gana el pecado. Supongamos que usted sostiene con su mano un libro que pesa un kilogramo. Aunque hace lo posible por sostenerlo, la gravedad lo atrae hacia abajo. La acción constante de la ley de gravedad finalmente prevalecerá, y el libro caerá al piso. Quizás usted trate de sostenerlo con su mano y posiblemente logre prevalecer por una hora sin que caiga, pero después de dos horas se sentirá cansado, hasta que finalmente su mano no le obedecerá más y tendrá que soltarlo. La gravedad nunca se cansa, pero su mano sí. La ley de la gravedad tira el libro hacia abajo cada hora, cada minuto y cada segundo. Su mano no puede luchar para siempre contra la ley de gravedad. Cuanto más tiempo sostenga el libro, más pesado lo sentirá. No es que el libro se haya vuelto más pesado, sino que la ley de gravedad ha triunfado sobre el poder de su mano. El mismo principio se aplica cuando usted trata de vencer al pecado ejerciendo su voluntad. Esta puede resistir por algún tiempo; pero al final, el poder del pecado sobrepasa el poder de la voluntad. El pecado es una ley, la cual no se puede vencer usando la resistencia de la voluntad del hombre.

Cada vez que el poder de la voluntad se debilita, aflora la ley del pecado. La voluntad humana no puede persistir indefinidamente, sin embargo, la ley del pecado está continuamente activa. Puede ser que la voluntad prevalezca por algún tiempo, pero al final la ley del pecado la vence.

Si no vemos que el pecado es una ley, tratamos de someterlo con nuestra propia voluntad. Por eso, cuando la tentación llega, nos armamos de valor y tratamos de vencerla, pero descubrimos que el pecado nos derrota. Cada vez que la tentación regresa, tratamos de ser más firmes, porque pensamos que nuestro último fracaso se debió a que no fuimos lo suficientemente fuertes. Nos prometemos que ya no pecaremos y que esta vez sí venceremos. Pero el resultado es el mismo, y volvemos a caer. No entendemos por qué nuestra determinación de hacer el bien no nos hace triunfar sobre el pecado, ni nos damos cuenta de que procurar vencerlo con nuestra voluntad es inútil.

Es fácil ver que el mal genio es un pecado. Cuando alguien se dirige a usted de una manera áspera, usted se siente herido y molesto. Y si esta persona continúa provocándolo, finalmente usted explota. Después que pasa todo, reconoce que como cristiano no debió haberse enojado, y se promete que eso no volverá a suceder. Ora y recibe el perdón de Dios. Confiesa su pecado a los demás, y su corazón vuelve otra vez a estar gozoso. Usted cree que no se volverá a enojar. Pero al tiempo, la situación se repite y vuelve a enojarse. Cuando oye palabras que no son nada placenteras, comienza a murmurar en su interior y a medida que escucha ya no puede controlarse más hasta que finalmente explota. Una vez más se da cuenta de que ha obrado mal, le pide al Señor que lo perdone y le promete que no volverá a perder el control. Pero esta misma reacción se repite una y otra vez. Esto comprueba que el pecado no es un error fortuito; no es algo que suceda en una sola ocasión. Es algo que ocurre repetidas veces, algo que lo atormenta continuamente. Aquellos que mienten siguen mintiendo, y aquellos que pierden la paciencia, la continúan perdiendo. Esta es una ley, y no hay poder humano que pueda vencerla. Pablo no aprendió esta lección al comienzo, por eso usaba su fuerza de voluntad tratando de vencer, pero todo era en vano. Es imposible que el hombre venza la ley del pecado ejerciendo su voluntad.

Una vez que el Señor nos conceda misericordia y nos muestre que el pecado es una ley, no estaremos lejos de la victoria. Si uno continúa pensando que el pecado es un acto ocasional y que la victoria puede ser obtenida con oraciones adicionales y luchando intensamente contra la tentación, no podrá vencer. La historia de Pablo nos muestra que el pecado es una ley. El poder del pecado es fuerte, y nuestro poder es débil. El poder del pecado siempre prevalece, mientras que nuestra fuerza siempre fracasa. Inmediatamente después de que Pablo descubrió que el pecado era una ley, comprendió que ninguno de sus métodos funcionaría. Su determinación era inútil; nunca vencería la ley del pecado usando su voluntad. Este fue un gran descubrimiento, una gran revelación para él.

Pablo vio que el hombre no puede experimentar la liberación del pecado con su fuerza de voluntad. Mientras el hombre confíe en el poder de su propia voluntad, no tomará al camino de la liberación divina. El día vendrá en que usted se postrará delante de Dios y reconocerá que no puede hacer nada y de allí en adelante no hará nada. Ese día encontrará la liberación. Sólo entonces entenderá Romanos 8. Hermanos y hermanas, no menosprecien Romanos 7, porque primero debemos encontrar el significado del capítulo siete, para poder experimentar el capítulo ocho. Lo importante no es entender la doctrina de Romanos 8, sino haber salido de Romanos 7. Muchos se han sepultado en Romanos 7 tratando de poner fin al pecado por su propia voluntad. El resultado es fracaso. Si uno no ha visto que el pecado es una ley y que la voluntad nunca la puede vencer, se encuentra atrapado en Romanos 7; nunca llegará a Romanos 8. Nuestros hermanos y hermanas que recién han sido salvos deben aceptar la Palabra de Dios tal como está escrita. Si tratan de encontrar su propia salida, terminarán pecando. Necesitamos que nuestros ojos sean abiertos para que veamos que todo nuestro esfuerzo por querer hacer el bien es vano.

Puesto que el pecado es una ley y la voluntad no puede vencerla, ¿cuál es el camino para alcanzar la victoria?

III. LA LEY DEL ESPIRITU DE VIDA NOS LIBRA DE LA LEY DEL PECADO

Romanos 8:1-2 dice: "Ahora, pues, ninguna condenación hay para los que están en Cristo Jesús. Porque la ley del Espíritu de vida me ha librado en Cristo Jesús de la ley del pecado y de la muerte". El camino hacia la victoria consiste en ser librado de la ley del pecado y de la muerte. Este versículo no dice: "El Espíritu de vida me ha librado en Cristo Jesús del pecado y de la muerte" (temo que muchos cristianos lo entienden de esta manera). Dice: "La ley del Espíritu de vida me ha librado en Cristo Jesús de la ley del pecado y de la muerte". Muchos hijos de Dios piensan que es el Espíritu de vida quien los libra del pecado y de la muerte; no ven que es *la ley* del Espíritu de vida la que los libra de *la ley* del pecado y de la muerte. Se requieren años para comprender que la ley del pecado y de la muerte y la ley del Espíritu Santo están en nosotros. Cuando el Señor abre nuestros ojos, vemos que el pecado y la muerte son una ley, y que el Espíritu Santo es también una ley. Descubrir que el Espíritu Santo es una ley, es un gran suceso. Por eso cuando nos damos cuenta de este hecho, saltamos y exclamamos: "¡Gracias Dios, aleluya!" La voluntad del hombre no puede vencer la ley del pecado, pero la ley del Espíritu de vida nos ha librado de la ley del pecado y de la muerte. Solamente la ley del Espíritu de vida puede librar al hombre de la ley del pecado y de la muerte.

Una vez que veamos el pecado como una ley, no trataremos de valernos de nuestra voluntad. Cuando Dios en Su misericordia nos permita ver que el Espíritu Santo es una ley, experimentaremos un gran cambio. Muchas personas sólo ven que el Espíritu Santo les da vida, mas no ven que es una ley que actúa en nosotros, y que cuando confiamos en ella, espontáneamente nos libra del pecado y de la muerte. No necesitamos querer, ni hacer algo, ni aferrarnos al Espíritu Santo para que esta ley nos libre de la otra ley. Tampoco necesitamos esforzarnos por hacer algo, ya que el Espíritu del Señor está en nosotros. Si en momentos de tentación tememos que el Espíritu del Señor no operará en nosotros a menos que nos esforcemos por ayudarle, aún no hemos visto al Espíritu de vida como una ley que opera en nosotros. Espero que todos podamos ver que el Espíritu Santo es una ley de vida que espontáneamente actúa dentro de nosotros. El ejercicio de nuestra voluntad no nos libra del pecado. Si usamos nuestra voluntad, terminaremos derrotados. Dios nos ha dado otra ley que nos libra espontáneamente de la ley del pecado y de la muerte. El problema de una ley, sólo puede ser resuelto por otra ley.

No necesitamos hacer ningún esfuerzo para que una ley venza la otra. Ya dijimos que la gravedad es una ley, la cual atrae los objetos hacia el suelo. El helio es un gas más liviano que el aire. Si inflamos un globo de dicho gas, comenzará a elevarse, sin necesidad de que el viento u otra fuerza lo sostenga. Tan pronto lo soltemos, el globo ascenderá. Lo que lo lleva a elevarse es una ley, y no necesitamos hacer nada para ayudarle. De la misma forma, la ley del Espíritu de vida elimina a la ley del pecado y de la muerte sin ningún esfuerzo de nuestra parte.

Supongamos que alguien lo regaña a usted o lo golpea injustamente. Es posible que usted venza la situación sin siquiera comprender lo que ha sucedido. Después de que todo pasa, posiblemente se pregunte cómo es posible que no se enojó a pesar de haber suficiente motivo para hacerlo. ¡Pero asombrosamente usted venció la situación sin darse cuenta! De hecho, las verdaderas victorias se obtienen sin que nos demos cuenta porque es la ley del Espíritu de vida, no nuestra voluntad, la que actúa y nos sostiene. Esta victoria espontánea es una victoria genuina. Una vez que uno experimente esto, comprenderá que solamente el Espíritu que mora en su interior lo puede guardar de pecar sin que uno se lo proponga. Es también este Espíritu que mora en nosotros el que nos capacita para vencer. No necesitamos querer dejar de pecar, porque esta ley nos libra de la ley del pecado y de la muerte. Estamos en Cristo Jesús, y la ley del Espíritu de vida está en usted librándolo de manera espontánea. Mientras no confíe en su voluntad y esfuerzo propio, el Espíritu Santo lo conducirá al triunfo.

La victoria sobre el pecado no tiene nada que ver con nuestros esfuerzos. De la misma manera que no tuvimos que hacer ningún esfuerzo para que la ley del pecado nos hiciera pecar, tampoco necesitamos hacerlo para que la ley del Espíritu de vida nos libre del pecado. La victoria genuina es la que no requiere ningún esfuerzo de nuestra parte. No tenemos que hacer nada. Podemos alzar nuestros ojos y decirle al Señor: "Todo está bien". Nuestros fracasos del pasado fueron el resultado de una ley, y las victorias de hoy también son el resultado de una ley. La ley anterior era poderosa, pero la ley que hoy tenemos es aún más poderosa. La ley anterior era verdaderamente potente y nos llevaba al pecado, pero la ley que tenemos ahora es más poderosa y nos libra de la condenación. Cuando la ley del Espíritu de vida se expresa en nosotros, su poder es mucho mayor que el de la ley del pecado y de la muerte.

Si vemos esto, seremos verdaderamente librados del pecado. La Biblia no dice que podemos vencer al pecado con nuestra voluntad. Sólo habla de ser librados del pecado: "La ley del Espíritu de vida me ha librado en Cristo Jesús de la ley del pecado y de la muerte". La ley del Espíritu dador de vida nos ha arrebatado de la esfera de la ley del pecado y de la muerte. La ley del pecado y de la muerte aún sigue presente, pero aquel sobre el cual ella operaba ya no está allí.

Toda persona que ha sido salva debe saber claramente cómo ser librada. Primero debemos ver que el pecado es una ley que actúa en nosotros. Si no vemos esto, no podemos proseguir. Segundo, necesitamos ver que la voluntad no puede vencer la ley del pecado. Tercero, necesitamos ver que el Espíritu Santo es una ley, y que esta ley nos libra de la ley del pecado.

Cuanto más pronto un creyente vea el camino de liberación, mejor. De hecho, nadie necesita esperar muchos años, ni pasar por muchos sufrimientos para experimentar y ver esto. Muchos hermanos y hermanas han desperdiciado su tiempo innecesariamente derramando muchas lágrimas de derrota. Si deseamos experimentar menos llanto y dolor, debemos ver desde el comienzo de nuestra vida cristiana, que el camino hacia la liberación se encuentra en las siguientes palabras: "La ley del Espíritu de vida me ha librado en Cristo Jesús". Esta ley es tan perfecta y poderosa que nos salva, sin que necesitemos hacer nada para ayudarla. Esta ley nos libra del pecado, nos santifica por completo y espontáneamente nos llena de vida.

Hermanos y hermanas, no piensen que el Espíritu Santo que mora en nosotros solamente expresa Su vida por medio de nosotros ocasionalmente. Pensar de esta manera demuestra que sólo conocemos al Espíritu, y no la ley del Espíritu. La ley del Espíritu expresa Su vida continuamente y opera en todo momento y en todo lugar. No necesitamos pedirle a esta ley que se comporte de cierta manera, porque ella lo hace sin nuestra ayuda. Una vez que el Señor abre nuestros ojos, vemos que el tesoro que está en nosotros no es simplemente el Espíritu Santo o una vida, sino que también es una ley. Entonces somos librados, y el problema del pecado queda resuelto.

Quiera Dios abrir nuestros ojos para que veamos el camino hacia la liberación a fin de que veamos la clave que nos conduce a la victoria, y a fin de que podamos tener un buen comienzo en este camino estrecho.